한때 소중한 것들

한때 소중한 것들

김민 시집

가시로 누구도 돌보지 않는
잡초 위에 피어도
산고의 고통은 아름다워라

도서출판 천우

● 시인의 말

전라, 충청도를 가름하는 금강이
천릿길 은빛 물결 따라
여기 나의 고향 서시포(西施浦)에 머문다
개 짖는 소리 들리고
바다 같은 만경들 굽어 붉은 해가 져
수평선 용궁 속 살라먹고 해돋이로 토해낸다
세월도 인생도 가고 오는 섭리는
씨앗 뿌려 땀 흘려 거두는 농부의 업(業)
철새처럼 훨훨 타향에서
단걸음에 달려가고 싶다

2022년 가을

김 민

제1부

청보리밭

제2부

파도의 노여움

제3부

한때 소중한 것들

제4부

자선냄비

제1부

청보리밭

봄소식

이른 봄 눈 날림은
가는 겨울의 몸부림
이른 아침 나무 가지에
까치가 깃들면
성급히 잎새 트고

꽃은 피우겠지
녘 꽃 내음은 향기를 전하니
여보 우리도
윤중제 꽃놀이 가자

청보리밭

밭을 갈아엎고서
늦가을 씨를 뿌려요
얼고 녹이어
한겨울 시련을 견디어요

나신이어서 춥고
하이얀 눈이 덮고요
찬바람 뚫고
새 파릇 봄을 기다릴래요

기지개를 펴
봄 햇살에 꼭꼭 밟아 주어요
종달이 몇 번
봄비 맞아 따스하게 울더니

문둥이는 배고파
서러워 보리피리 불면서
보리 고개 넘어
그렇게 그렇게 살아왔어요

파란 마음 안고서는
전설 따라 삼천리를
소망은 작지만
그런대로 사랑을 하고요

두렁길을 걸어서
아리랑고개 넘으면
옥색치마 입고서
외딴 오두막에 기다려요

거먹 솥에 찐
보리 민댕이 먹고서
우리네 조상대대로 고소히
알콩달콩하게 살아요

꽃샘추위

사랑타가 이루지 못한 원혼
여한(餘恨)이 남아 한파에 얼어 죽었는가
봄을 용서치 않는다

봄은 봄이어야 하는데
눈발이 흩어 내린다
손끝이 시리다

앙금은 봄눈 녹듯이
손잡고 활짝 웃어야 하는데

애린 꿈

영하 10도 오르내리는 날
눈보라 치는 북한산 836고지에

7, 8, 9세쯤 세 어린아이
손을 묶어 떡잎이 트면

물을 주어야 꽃을 피우듯
얼은 계단을 밟아 정상에 오르는데

어머니는 뒤에서 채찍질하고
아이들은 눈물, 콧물을 줄줄 흘린다

설중매(雪中梅)

그리운 사람아
남은 여생 겨우내
문고리 잠그지 않고 기다릴 터니
이른 봄 시린 하얀 매화꽃으로 피어
향내 품고 오소서

한때는 순간을 샛노란 개나리
백목련 화사한 독백을 하다
그리움 남겨 슬픈 두견새 피 울음
철쭉 검붉은 피를 토하더라도

입춘대길(立春大吉)

절후* 첫 시작이 어울리지 않게도
눈 덮인 밭고랑 추운 날씨의 발악
겨우내 얼었던 동토
남녘서부터 풀려오고
북녘까지 꽃바람 타고 훈풍이 불고요
푸릇한 열서기 순이
치마폭 종다리에 봄바람 스며요

냉이 달래의 상큼한 입맛
입춘의 대길 가화만사성 국태민안이어요
동방의 한반도 평화로운 소 울음 울려
우리 소원 통일
우리의 소원은 화합이어요

* 절후 : 한 해를 스물넷으로 나눈, 기후의 표준점

평화의 봄

피난길에 흥남부두에서
배를 타고 아들을 낳았고
남쪽 끝 해남 토말에서 내려
사랑방을 내주어
열심히 일하고 공부를 시켰다

인연이어 전라도 인심이
콩 한 쪽을 노나 먹는 게 고마워
혼인을 맺었다
'사돈 내가 갚을 때입니다'

손에 손 잡고
경의선 KTX타고 평양냉면을
다시 경원선으로
고향 함경도 흥남에 가서
함흥냉면도 먹게 됐으니 얼마나 고마워요

더하여 DMZ를 평화지대로 만들어
생태공원 '운동장' 그 넓은 땅에 농지를 구입

우리 같이 해남 고구마
함경도 옥수수 감자도 가꾸어
배고픈 이웃과 나눕시다

매화꽃 독백

한때는 샛노란 개나리처럼 피고
한순간을 백목련처럼 화사한 독백을 하다가
철쭉 검붉은 피를 토하고 머언 그리움 남기어
슬픈 두견새 피 울음으로 우는가
그리운 사람아 문고리 잠그지 않고
남은 여생 기다릴 터이니 향내 품고
시리어 하얀 매화꽃으로 오소서

봄 사랑 산 사랑

동토(凍土)인데다
주검의 계곡이더니
맑은 물 콸콸
온갖 새소리도 꽃도
새파랗게 움터 상큼하게 반긴다

봄이 왔다 산행가야지
광양매화마을 쫓비산 봄 산행
인산인해(人山人海) 몸살을 앓는다

산이 좋아
산을 사랑하여 산 오르니
나를 포옹하고
반겨 심호흡한다

산은 시심(詩心)의 보고(寶庫)인가
'네 이웃 자연을
내 몸과 같이 사랑하라'
되새겨 본다

봄의 고해성사

연탄불에 밥 지어
찬물 말아 김치로 산
양 같은 아내

토끼 같은 애덜 키우고
판자떼기로 모닥불 피우고
노점장사하는
가난한 죄밖에 없어요

동토(凍土)의 긴 터널 지나도
무슨 죄로 풀어 주지 않나요
썩은 동아줄이라도
내려 주시면 타고
곁에 가겠어요

일장춘몽(一場春夢) 7

북촌 살 때
개다리소반에 밥상차려
토끼새끼 같은 애덜하고 오순도순

지금은 장다리*만 못하지만
당신이 곁에 있으니
여필종부(女必從夫) 아닌
남필종부(男必從婦)
추억은 장다리 한철이고
미나리*는 사철이다

ㄱ허리에 갈퀴 같은 손으로
산 너머 남촌에
향긋한 돌미나리 잘라서
무쳐 밥상에 올린다
무청은 썩어 거름이 되니
나비가 날아간다

* 장다리와 미나리 : 장희빈과 인현왕후 민비

봄의 불청객

춘래불사춘(春來不似春)이어도
다투어 급히 파릇한 잎사귀도 없이
먼저 사랑을 하리라
하지만 하늘은 봉긋이 미소를 터트려
병들게 하는가
누가 인명은 하늘에 있다 말하였던가
어김을 받아들일 것인가
그래도 봄은 오고야 만다

백목련의 일생 6

빈 나뭇가지에 까치집 얹혀
한겨울 꽃눈이 피었다

털 보송한 잎눈 인고(忍苦)는
누구를 위해 햇살 좋은 날

환한 입성은 한순간
애린 순애보(純愛譜)인가

인생은 짧고
사랑은 영원하여라

산수유 마을

산허리 끼고 얼음 녹이더니
노랗게 덮은 마을 잘게 썰어
꼬깔 씌우듯 채알* 덮어 댄다

장 담고 밭갈이하던 이웃 어른 섬기며
가난하게 노란 꽃 마음 안고
맛있는 음식 노나 먹으며 살아왔다

조상 대대로 움푹하게 엎드려
같은 우물 퍼 밥 짓고 마시며 정겹게 살아오지
김서방 개똥이 딸 그만이네

* 채알 : 차일의 방언. 주로 햇볕을 가리기 위하여 치는 장막

부처님 오신 날
— 길상사(吉祥寺)

일류요정 대원각이
백석시인, 길상화 김영한, 법정스님의 연(緣)으로
자비의 도장으로 바뀌고
김수환 추기경도 경내에 '보살마리아상'을 세웠으니
지고지순(至高至順)한 사랑은 영원하여라
'여보게 저승 갈 때 무엇을 가지고 가나'
경의 '장기기증'은 참 진리는 하나인가
부처의 가부좌(跏趺坐)한 미소는
보시(布施)이며 연등은 사바*를 밝힘이다

* 사바 : 바깥의 자유로운 세계를 속되게 이르는 말

사월의 중간쯤

한강의 강물은 왜 남과 북으로 갈라
바람 불어와 출렁이는가
은빛으로 곱게 반짝이고
강가 잡풀들 초록으로 파릇하다

생장하는 만물에 사랑으로
햇빛을 고루 비치어
아름답게 꽃을 피우라 한다

강물은 평등하게
중간쯤 바람으로 출렁인다

오월의 신록

경아
소나무 순 돋고, 상수리나무 잎사귀도
햇살 좋은 날 가슴을 활짝 펴고 향기를 마시자
큰 나무 사이사이 햇살 비치어 눈부시다

아카시아 눈꽃이 가시 달고 벌꿀을 부르는 건
순애보(殉愛譜)인가

찔레 장미꽃도 뒤늦게 검붉어 피운 사연은
못다 한 너와 나의 애증인가
라일락도 어디 숨어서 짙은 향기 내어 품는다

* 순애보 : 사랑을 위해 모든 것을 바치는 이야기

스승의 날

시의 시자도 모르는 우리를
한 땀 한 땀 새겨가면서
토씨 하나도 지적해 주시는
열정으로 이끌어주시고
시가 무엇이다 정의를 내리시는 것보다
더 값진 글의 천착(穿搾)*으로
몸에 절절이 불어넣어
공감대를 만들어 줍니다
시는 군더더기가 없이
누구나 꽃씨 뿌려 갈고 닦아
시심(詩心)을 올곧게 세워주셔서
더욱 감사합니다

* 천착 : 깊이 살펴 연구함

오월의 향기

라일락 향기 뿌리더니
꽃잎 향 애로틱한 냄새 가슴 벅차
찔레꽃도 가시 달고 피어 시샘한다
아카시아 꽃잎도 푸른 잎 줄서기로
사랑을 하리라
장미꽃 사랑 하리라

사람 냄새

저자 바닥은
부와 정치와 출세가 시끄럽다
아서라 다 훌훌 잊고 푸른 산에 가 보아라
산골짜기 맑은 물이 졸졸 오랜만이라고
싱그러운 냄새 파릇하게 코에 닿더니만
그 내음 삶의 활력소로 보약의 처방전
이른 봄 나는 아내와 같이
주름살 긋고 울타리 안 알콩달콩 지낸다
망태기에 담아 가져와 이웃 노나주겠다

제2부

파도의 노여움

시가 있는 향기

꽃은 색이 있어 나비를
향기가 있어 벌을 불러온다

꽃이 지면 색도 향기도 사라지고
시(詩)도 무색무취(無色無臭)한다

하지만 진한 사랑은
영원히 빛나 별리(別離)해 슬프다

꽃과 시는 더욱 세상을
아름답게 금상첨화(錦上添花)*하니
꽃도 시도 향기 품어 좋다

* 금상첨화(錦上添花) : 비단 위에 꽃을 더한다는 뜻으로, 좋은 일 위에 더 좋은 일이 더하여짐을 비유적으로 이르는 말

파도의 노여움

언젠가는 백사장에서 사르르
사라져도 밀려오고 또 오더니

큰 산(巨山)을 무너트릴 듯이
밀려 부딪혀 포효(咆哮)하는

한반도의 맥은 영원하여라

홍도의 비경

구름 가듯 진녹색 머리 이고
해무(海霧)는 산 정상을 덮고 흐른다
붉은 책 바위 구멍 바위 몸뎅이
파도는 넘실거리고
바위에 부딪쳐 은빛 포말로
신비의 비경
너는 육지에서 먼먼 바다에
신의 조화로 홀로이 서 있다

아차산(峨嵯山) 등산기

삼국이 쟁투(爭鬪)하던
이끼 낀 성벽에는 핏자국이
아차산 솔나무의 마디에 옹 박혔다

한 서린 아리수 따라 흘러서는 어디로 가나
할버지 힘들어 죽겠구만 왜 산을 올라요
오냐 네가 이다음에 크면 알게 될 것이다

용문사 은행나무

일주문(一柱門) 들어서면
백의민족 업으로 잎 피우며
골육상쟁*으로 피 비린내 맡아
알알이 영글어 한밝 세상 이루어
신라 천 년 은행 알로 셈하고
절 앞 고목 침묵을 지킨다

* 골육상쟁 : 가까운 혈족끼리 서로 경쟁하고 다툼

용문산 상원골

굽이쳐 흐르는 은빛 물결 따라
올라가면 수득골 지나 상원골 김씨네 오대
삼 끈만큼이나 질기게 살아왔네
맑게 재잘대는 저 물소리는
내외간 아들딸 손주 황토방에 모여 앉아
오손도손 정겨운 노변정담(爐邊情談)

울고 가는 저 산새 소리는
서울 간 딸년 소식 전하는 전령사인가
비스듬히 기대 앉아
초로의 구리 빛 주름진 얼굴
덕담 반 미소 반 지으며 선한 눈망울로
영롱한 불빛 삼키며 살아가리

버짐나무* 가로수

버짐으로 옹이로
겨우내
시린 나날 아픔으로 견디더니
입춘 지나 다시 움터 하늘 가려 그늘로 땀 씻어줘
오염된 대지에 오존을 공급하고 생명을 살리는 너의 베풂
꽃과 향기 없어도 너무나 고맙다
전지(剪枝)처방은 수고를 덜어주려는 아픔인가

* 버짐나무 : 플라타너스

사모곡

씨알의 잉태로
입덧하셨습니다

요람을 태우시고
배냇짓을 할 무렵

자장가를 불러
젖꼭지가 시꺼멓도록
영양분을 주셨고

품안에 안고
치마폭으로 덮어
살을 에이는 강추위와
폭풍우에도 키우셨습니다

살아생전 효도 한번 못하고
끝내 가슴에 피멍이 들어

통곡을 합니다
어머니

어두일미(魚頭一味)

어머니 생전 진지상에
생선 대가리 꼬리
불효자는 돌아가신 후
사연을 깨닫고 웁니다

창작 반 모임에
동태 조림 머리만 먹어
집에 가서 먹으라며
가운데 토막을 싸준다

시를 쓰는데
꿩 먹고 알 먹고
타산지석(他山之石)*이 되고
아전인수(我田引水)*로
불손(不遜)을 저질렀구만

* 타산지석(他山之石) . 다른 사람의 하찮은 언행 또는 허물과 실패까지도 자신을 수양하는 데 도움이 된다.
* 아전인수(我田引水 : 무슨 일을 자기에게 이롭게 되도록 생각하거나 행동한다.

벼와 피

졸수(卒壽)의 나이에 어머님 영정에
'다녀오겠습니다 무사히 다녀왔습니다'
생전에 밥 한 톨만 흘려도 혼구멍을 냈단다
벼논에 피사리를 꼭 해 주어야 했다
삼치구이 식사에 남으면
가지런히 쌓아서 가져가셔야했다

해바라기

열 빛 뜨거워도
오직 죽을 때까지
타는 목마름으로
기다리는 새까만 씨알

파리 목숨

탁 치니 억하고 바닥에 벌렁 드러누워
온 몸 뒤틀고 날개 쳐 두발 싹싹 빈다

어린 딸 빠꿈살이하다
살려 달라고 사정해도 무자비하게
불쌍해 조막손 간절히 담아 모신다

에고 불쌍도 해 빠꿈살이 제사상 차려
장송곡 불러 영혼 달랜다

죽은 영혼이여
당신 무엇 잘못해
아빠에게 죽임을 당했나요

기생충(寄生蟲)

아랫목이 뜨셔야 윗목도 기별이 가듯
금수저와 흙수저 잘 어우러지면
어두운 밤이 대낮을 밝혔다

봉준호는 걸출한 지휘봉을 쥐고
택시운전사 송광호 끼를 보였고

싸가지가 거시기는
썩은 물 연못에 장미꽃이 핀 듯
자비(慈悲)하여라
장하다 임들 동방에 불을 밝혔다

코로나바이러스
사전약방문(死前藥方文)* 6

나는 OO대학교 학군 선배로
체력은 국력이다 지덕체(智德體) 주제로
입단식 5분간의 축사

독일 바이츠체커 12세 아들 장래희망
국민이 건강하게
빵을 제일 잘 만드는
기술자가 되겠다

아들이 명문 강남지역 2층 131평
돈 버는 영, 수 아닌
인성, 창의성, 태권도학원 개원했다

시설은 인성, 창의성, 도장뿐만 아니라
남녀 화장실, 남녀 샤워실
더하여 인바디 체력 증진
공기청정, 산소공급기를 설치

학생들 미국유학 일류대학 공부
체력 달려 성적이 부진

고사리 같이 애린 학원생들
원장님은 태권도 8단, 교수출신 자랑

신호 건널목 손들고 선창은
나리 나리 개나리
후창 우리가 '입에 따다 물고'
조상들 출산하면 금줄 띄워 출입을 금지했다

* 사전약방문(死前藥方文) : 죽기 전에 약의 처방을 한다는 뜻으로, 때가 오기 전에 어리석게 애를 쓰는 경우를 비유적으로 이르는 말

시와 경제

세상이 너무 시끄럽다
삶은 저자에서
바다로 산으로 가야만 하는가

나를 품은 산을 내려오면서
얼음 속에 흐르는
물소리를 골짜기에서 들었다

높은 곳에서 흐르는 물은
강을 흘러 바다에 모인다

산도 바다도 삶도 가정도
시 마음으로 품어 살았으면 한다

토끼 같은 자식
여우 같은 아내가 집에 있다

칠월 소묘

천둥번개를 동반하여
먹구름이 산허리를 돌아
널벅지*로 퍼부어
산하*가 몸살을 앓는다

대장간 삼천도의 이열치열로
열기는 달구어 명검을 낳는다

참외수박도 생긴 대로
탐스럽고 맛깔스러워
복숭아, 청포도도 익어 가는
청청한 계절

하늘이 주신 대로 살아가란다
영원히 사랑한다

* 널벅지 : 장독을 덮는 오지나 질흙으로 만든 뚜껑, 장독소래기.
* 산하 : 산과 큰 내라는 뜻으로, 모든 자연을 통틀어 이르는 말

이열치열(以熱治熱)

이글거리는 햇볕 눈부셔도
녹음 짙어 시원하고
싱그런 과일 성글어*
색깔대로 입맛을 돋군다

매미는 나무그늘에 붙어
사랑을 노래하는데
뜨겁게 땀 흘린 대가로
토실하게 익어 가는가

물 폭탄을 쏟아
뜨거운 열기로 대지를 덮어
몸과 마음 달구고
땀 웰빙으로 살아가란다

* 성글다 : 여기저기 떠서 빈 곳이 많다

피서지에서 생긴 일

새벽부터 매미가 울면 폭염의 경고다
지하철은 시원해서 노인천국이다
'여보 여기 앉아'
'거기는 젊은이 자리인데 싫어요'

60대 젊은 여인이 노약자석에서
귀에다 주먹만 한 링을 달고
새까만 색안경을 쓰고 앉아 있다

서 있는 팔십대 노인이
'여보 여기는 노약자석인데'
'나도 육십이어요'

'여보 그렇게 하면 안 되지'
한마디 거들자
늙은이는 왜 참견이야 퉤!

'우리 할망구 얼마나 다리가 아프시면 그럴까'
'어르신 여기 앉으세요' 하고 일어선다
그 여자는 버티고 앉아째려본다

말복이 지나고

생각하기도 무섭고 지겹게 뜨겁더니
이제는 지쳤는지 그런대로 시원한 바람이
이마의 땀을 식혀 준다

과일과 오곡이 자연의 순리대로 익어간다
어서 가을이 오면 풍성한 추수를 하고
까치의 몫을 빨갛게 익은 감 두어 개 남기고
여보, 긴팔 셔츠를 내어 주세요 말하고 싶다

광복절(光復節)

유관순 누나의 순절(殉節)은
죽은 게 아니고 영원합니다
누가 이 나라를 팔았어도
방방곡곡 질기게 질기게
누가 이 나라를 지켰습니까
국화(國花)입니다
무궁화 꽃이 피었습니다

제3부

한때 소중한 것들

구월이 오면

세파에 찌들어 염장했다
무더위야 물렀거라
높고 파란 하늘 부끄러워
머리 숙여 바라보니
신작로 코스모스
향기롭게 피어난다

가을이 오는 소리 1

구만리 하늘은 소캐구름*
심심하여 색칠하고
곱더니 자지러져 우는
참매미 노래

지겨워도 땀 씻어
소슬바람 스치고
불러오는 소리

아직은 푸르다 못해
둥글게 멈추고
우거진 귀뚜라미

어디 숨어 찾아와
그리움은
아 가을인가 봐

* 소캐구름 : 솜구름

한때 소중한 것들

장미 아니 들꽃도
그냥 피는 게 아니다
가시로 누구도 돌보지 않는
잡초 위에 피어도
산고의 고통은 아름다워라

한때 젊음의 진지한
에로스(eros)* 사랑도
농 익어가는 플라톤(platon)의 절정기
수확으로 결실하고
그리운 인생무상(人生無常)은
공수래(空手來) 공수거(空手去)

경주 최부자와 제주 할망구 김만덕은
궁휼(窮恤)*의 보시(布施)*로
과연 아카페(acafe)*의 사랑은
하늘에서 내려다보일까

* 애로스 : 자기보존의 본능, 성욕
* 궁휼(窮恤) : 구하여 도와줌
* 보시(布施) : 자비심으로 남에게 재물이나 불법을 베풂
* 아키페 : 신의 사링

가을의 소리

대장간 삼천도의 열기는 명검을 낳듯
뜨거운 열 볕에 무성하게도
나락*, 콩, 수수, 팥, 스슥*이며
삼색과실 밤, 대추 붉은 홍시가 되어
문전성시를 이룬다

어릴 적 한여름에 달리던
논, 밭두렁에서 자라는 소리 들리더니
맛깔스런 과일들이 시장에 산더미
"한 무더기에 삼천 원-"하며
가을을 불러댄다

* 나락 : 벼의 방언
* 스슥 : 조의 방언

가을엽서

경아 !
산이 마지막 캠프파이어인가
소요산에 가 어느 카페에 색소폰
"아무도 날 찾는 이 없는..."
나는 누구를 찾아서 여기 왔는가

무의도에 가서 썰물의 갯벌은 싫다
들물은 잔잔한 수평선 가까이 와
스르르 미소 짓고 스러진다
갈매기는 엽서 물고 날아와 끼르륵
사연은 무슨 소식일까
우러러 하늘은 끝까지 높고 푸르다
경아 !
영원히 사랑한다

국화꽃 향기

원색으로 핀
명멸(明滅)*의 지고지순(至高至順)*은
군자의 반열에 올랐다
영혼 앞에 심향(心香)으로 바쳐
그윽한 향불로
추락하는 서러움을 안고
삼배 제(祭)를 올린다

* 명멸 : 불빛 따위가 켜졌다 꺼졌다 함
* 지고지순 : 더할 나위 없이 높고 순수함

모과(木瓜)와 파과(破瓜)*

참 못생겨 미안해도 때깔난다지만
향기는 그윽하여 향기롭다
나를 닮아서 한때 싱싱하게 향기를 품다가
파과(破瓜)로 농익은* 시절
역경을 이겨내어 그런대로 오늘에 이르렀다
어떻게 살아 왔는가 보다
어떻게 향기를 품어야 하느냐는
큰 귀감(龜鑑)을 남겨주었다

* 파과(破瓜) : 남자의 나이 64세를 이르는 말
* 농익다 : 아주 푹 익다.

가을의 연리지(連理枝)

사랑하는 경아
헌 고무신도 짝이 있어

뿌리는 서로 달라
한몸으로 합쳐도

들판의 허수아비가
미래의 약속을 지키는가

그리움은 바다의 파도인가
색소폰이 '산장의 여인'을
내 가슴에 안기면

어슴푸레한 숲
우거진 너의 그림자를 채운다

가을 풍경

가을걷이는 벼 나락만이 아니다
오곡으로 곳간 채우고
고구마 퉁어리 윗목을 차지 안 먹어도 배부르다

한여름 뙤약볕에 참 고상 많이 했소
내년 보릿고개까지 아쉬운 대로 버티겠지

이웃집 복실이는
킁킁거리며 앞마당 두엄을
바작에 삼발이로 잔뜩 퍼서 담고
굽은 어깨 심지게 펴서 '끙'하고 일어나
갈 보리밭으로 심지게* 가신다

허지만 맏이 개똥이는
올 가실에 장개 보내야 헐 턴디 걱정이구만

아내는 시렁에 얹쳐 놓은 싸리 채반을 내려
지난 밤 등잔불도 없이
썬 솜씨는 호박곶이 간조롱히
싸리 울타리 양지녘에 너는데
한석봉의 글씨보다 더 예쁘다

* 심지게 : 힘지게의 방언

못 다한 사랑

'소설 츠바키 문구점*'
가을 유리펜에 적갈색으로
20년 전 쓴 편지 빨간 우체통에
첫사랑 연인에게 보낸다는데

나는 그 유리펜 빨간 글씨를
지금도 내 가슴에 안고 있는
동병상련(同病相憐)이여

또박 또박 꾹꾹 눌러서
빨간 피를 토하는 장미꽃 사랑은
구구 절절 사랑 사랑 사랑 사랑
또 사랑이 가슴팍, 뇌리에 박혀
연연이 흐른다

육필(肉筆)도 낙엽도 재가 되어
거름으로 영원히 남는가
가까운 산 먼 산 만추(晩秋)에
단풍이 불타오른다

* 츠바키 문구점 : 여성 서사(書士)들이 대대로 편지를 대필해온 곳이다.

가을 잎새

폭풍우 천둥번개 쳐 가지가 부러져도
무성하고 푸르게 열매 달고

자식을 열심히 키우더니 끝내는
진홍으로 열매 남기고

줄 것 다 주고 떨어져 거름으로 남아
은행나무 가로수 잎 우수수 널브러진다

당신은 스르르 덮는 마음
어질고 자비한 사랑이어라

마지막 잎새

움 트고 새롬 새롬 크더니
너의 수고로움은 탱탱하고
애기 붕알 같은 풋한 열매 달고
일생을 마치는 그러함으로
곱게 익혀 떨어져
돌아올 날 기약하누나

실버 동아리

바다의 파도 밀려와
은빛 모래알 스러진다

해안가 포말로 닿아
은빛 잘게 쓸어
수천 년 부서짐은
백사장의 사연

실버의 동아리
이 모임 음미하여
남긴 발자국 찾아
여기 푸른 바다에 묻는다

갈대와 억새

산이 있어 억새 강이 있어 갈대
억새는 가슴께 갈대는 키 두 배
바람에 고분거리는 억새 갈대는 사각사각
억새 꽃 은빛머리 갈대꽃 고동갈색 뿌리 내려
군락 깃발 휘날린다
이별이면 뉘라서 슬프다 하였는가
머리 숙여 겸손한 가을만 보인다

익어가는 열매

한때 꽃이 피어 사랑을 노래하더니
열매 달고 푸릇하게 익어
달콤하게 속살이 돋아요

장마가 져도 태풍이 불어 닥치어도
이렇게 오롯이 살아왔지

당신이 사랑하는 씨앗이
무럭무럭 자라
커서 모가지가 더 있어요

밥 안 먹어도 배가 부를
몸의 덩치 황혼 길에 있어도
성성하게 자라나는 저 나무들
행복해 보여요

팔월대보름 염원(念願)

일원상(一圓相)의 우주는
둥글게 하나이고
환인 '웅' 단군조선 한민족의 얼도 하나이다

달도 하나 해도 하나
남과 북도 하나로 이어
삼팔(三八) 등분(等分) 지구상에서 없애자

백두산 천지와 달도
한라산 백록담 물을 서로 합쳐
오곡백과로 한가위 통일송편 빚어 나누자

추석 명절

청자 빛 하늘 황금빛 들판
밤 대추 감 빨갛게 익어
토실토실한 열매
햅쌀 수수 스슥* 검정콩도
찰 지어 윤이 번득거리어

조상 영혼께 올리어 추모하고
누천년* 살고 지어라
술 익은 청주 용소*로 떠서
조상께 정중히 올리고

한 빛 보름달
흡월정기(吸月精氣)* 받아 잉태하여
태 묻고 죔죔 길러
대 이으리라

* 스슥 : 조의 방언
* 누천년 : 여려 천년 오랜 세월.
* 용소(龍沼) : 폭포수가 떨어져 깊게 패어 있는 웅덩이
* 흡월정기(吸月精氣) : 여인네들이 보름달을 보며 달의 정기를 흡식(吸食)하는 것.

허수아비

텅 빈 허허로운 들판에 참새 떼들도 떠나고
산은 단풍으로 물들어 낙엽으로 쌓이더니
며칠 전 대청봉에서 탑승하여
남쪽으로 내려간다더구만
모두 맞을 채비하겠지
가랑비까지 재촉하니 더욱 빨라지겠구나

감나무에 잎이 다 떨어지고
까치밥이 매달릴 때면 종착역이 되겠구나
쓸쓸히 먼 산 바라보는 로댕이여
동안거(冬安居)에 들어가 참 존재의 이유 묻겠다
피안(彼岸)*으로 가는 차안(此岸)*의 도정*에

* 피안(彼岸) : 진리를 깨닫고 도달할 수 있는 이상적 경지를 나타내는 말.
* 차안(此岸) : 삶과 죽음이 있는 세계
* 도정 : 어떤 곳이나 상태에 이르기까지의 과정

불효자는 웁니다

저를 낳으시고 젖이 몸에 붙어
입으로 으깨어 미음 먹여
건강하게 키워 주셨습니다

핵교는 문턱에 가 보지 못했지만
손주 둘에 좋은 머리를 주셔
서울대핵교에 일등으로 졸업했습니다

지하 월세방에 살지만
노인정 어르신과 함께 일백만 원을 들여
잔치상을 올립니다

어머님 아버님 큰절 받으셔요
'오냐 고상 많이 혔다
밥만 먹여 키웠는디! 남새스럽다'

허기야 시장 군수 경찰서장
별 네 개 단 윗분 둔
어르신 자석들 말만 들었지
코빼기도 못 보았는디
아버님 어머님 저는 대신
가슴에 꽃 다섯 개 달아 드리겠습니다

천재(天災)와 인재(人災)

2차 세계대전 후의 독일은
메르켈 총리 이하 아우슈비츠 독살 장소에서
무릎을 꿇고 엎드려 사죄했지만
일본은 위안부 사과, 독도와 동해 자기 땅 주장,
임나 본부설, 광개토대왕비 조작한 것을
유사 이래 한 번도 사과한 일 없다
일본의 지진과 태풍은
천재를 인재로 받아들여야 한다
잘못을 뉘우치지 못하는 것에 대하여
하늘이 노(怒)한 것이다
얼마 안 있으면 물속으로 침몰 된다는데
참 불쌍한 나라다

제4부

자선냄비

동백꽃 사연 1

먼 하늘 끝
푸른 파도 맞닿아

꽃샘추위에
출렁이는 가슴에
피멍이 들어
핏빛으로 검붉게 핀
애린 겨울

뚝 떨어지는 사연을
바라보는 서러운 울먹임
해변가 바람
바람 몰아친다

김장

파 마늘 고춧가루 생강 젓갈
김치 하나면
한 고봉 흰 쌀밥
게 눈 감추듯 먹어 치우는 반찬

삼신애비 만들어 준 두 손가락 저붐*으로
얹어 먹어 푸짐하다
이웃 품앗이로 큰 잔치이다

지금은 세계의 명품
정성 들여 만들었는데
좀 더 포근한 아양을 못 떨고

친구 며느리가
김치에 황석어젓이 들어간다고
현관 밖에
들여놓지도 못하게 팽개친다

* 저붐 : 젓가락의 방언

소설(小雪)

문풍지도 바르고 김장도 끝냈다
무 구덩이 깊이 파묻고
하얀 눈이 내리면 옛 연인을 찾아
길을 걷고 싶다

뼈마디 노곤하게 살아왔다
추억도 시렁에서 꺼내 보고 싶다
기다리는 마음 간절하다

"여보 당신 머리에 눈이 덮였어
어둠을 재촉하듯 겨울에 눈이 오지요"
"음 유구무언(有口無言)이구먼
천기를 보아 내년 풍년이 들겠구만"

"추워야 병충해 싹 죽이고
농사가 잘 될 터인데"
"영감 미쳤나 불쌍 헌 사람 덜 어떠하라구
허어 백년대계를 보아야 허지 않겠는가"
"공자 말씀인니 윗분덜언 자기 앞자락만 챙기지"
"옳은 말씀 하셨어 천벌 받을 놈들이지"

눈꽃

엊그제 대관령에는
눈이 내려 눈꽃이 피더니
이파리가 돋아
꽃눈이 내려
하늘을 덮더니만
비가 내려 기쁘다가 슬퍼
희비쌍곡선을 준다

왜냐하면 자연의 흐름을
일탈하지 말기를
우리 속물들을
일깨우기 때문이다

겨울 고독

여인이여
어떻게 세상을 살아왔습니까
집에서 밥 짓고 설거지하고
아이들 키우며
하세월* 그렁저렁* 살아왔지요

그럼 남편은
요 삼 년 전에 세상을 떠났지요
나와 동상동몽(同床同夢)인가요
그런데 당신은 왜 꼬치꼬치 묻습니까
춥고 외롭습니다 집에 가 군불을 지피시죠

그렇다고 고독이 풀리나요
그럼 어쩌지요

* 하세월 : 매우 오랜 세월
* 그렁저렁 : 뚜렷하게 정한 것이 없이 그냥 되어 가는 대로

세모(歲暮)

칼바람 불어
귀는 내 것이 아니고
살을 에어
장갑을 끼어도
손은 시렵고 코가 찡하다
하얀 눈꽃이 내려
고루 노나주어 평화롭다

재물은 노적가리 마냥
쌓아 두는 게 아니고
불우이웃에게 베풀어야 하는데
이 해 세모는 슬프기만 하다

자선냄비

경주 최 부자 며느리는 무명옷으로
십 리 안에 굶어 죽는 사람 없게 구휼(救恤)을

제주 김만덕 할머니는
흉년에 곳간을 털어 보시(布施)를

안철수는 컴퓨터 바이러스 백신개발로
번 돈을 무려 2천억이나 사회 환원을

유일무이(唯一無二)하여 위대하다
자선냄비가 뎅그렁 뎅그렁
부자는 부자대로 빈자는 빈자대로

벼룩시장

쫓겨난 단종의 비(妃) 정순왕후를
돕기 위해 아낙들이
좌판을 벌여 도왔던 시장

처녀 거시기만 빼고 있을 것 다 있어
거금 일만 원이면 신발에서 머리까지
몸단장을 할 수 있다

아내가 유명한 외제품 다리미
7만 5천 원짜리
일만 오천 원 부르는데
3천원을 깎아서 샀다

'여보 2천원을 더 붙여주지 그래'
'아녀 발품 값을 해야지' 하며 마주보아
멋쩍게 웃고, 좌판에서 쬐그리고 앉아
부친 파전 하나에 일천 원,
쐬주도 곁들여 주거니 받거니 마시고
어깨를 비벼 인산인해(人山人海)

아내와 손에 손 잡고
빠져 나와서 즐거운 여행을
공짜 지하철을 타고 하였다

‘여보 다리 아프지 주물러 줄까’

서설(瑞雪)*

경아
첫눈이 오는 날
순백의 옛 사연 그리워졌다

긴 밤 새워
시리도록 하얀 눈 보고 싶어
어떻게 살아왔나요
혼자

이제금 백발이 얹혀
황혼이 붉어지는데

개업했나 그냥 물어요
의대 나온 큰아들은

* 서설(瑞雪) : 상서로운 눈.

겨울 나그네

앙상한 나무 위 저 까치 집
가지마다 잎 떨어진 상처만 남는가
여보 손이 발이 가슴도 시려 추워요

집에 가 군불 지펴 아랫목에 몸 지져
노근노근 아픈 삭신 주물러드릴까
오순도순 우리 둘 살아가요

밖에 날이 추워도 같이 걸어요
여보 인생은 눈 덮인
들판을 걷는 나그네래요

한겨울 모란의 씨눈

씨눈 틔워 시린 나목으로
긴긴 겨울을 인고로 견디었다

봄날을 시샘하여 눈 날려
얼음 꽃 얹어 눈물 똑 똑
성급히 이파리도 없이

꽃잎 피고 외로운 세월을 잊지 말고
더욱 서러워 곱게 피워라

겨울에 만나요

철새로 어김없이 날아드는
너와 나의 먼먼 여정은
철길을 마주하여 어디까지인가

간이역에서
하얀 눈을 뽀드득 밟으며

경아,
너의 입 서리를 마시고
유한과 무한의 이정표를 마치고 싶다

송년(送年)의 기원(祈願)

이 해를 마감하여
밟고 지나온 고뇌와 시련
깨끗이 버리고
귀감(龜鑑)으로 삼자

새해 희망찬 여명(黎明) 지나면
맑은 아침이 오듯이
소낙비가 내려

땅이 굳어 해가 빛나듯이
온 누리 하늘 땅 바다로
힘차게 뻗어서면
하늘은 스스로 도운다

새해의 힘찬 조국이여
투쟁의 역사인가
아직도 빈 수레인가

새해인사

건강은 그냥 타고나는 게 아니고
스스로 만들어야 해

머리 운동 몸 운동 마음 운동은 필수
여보게 저승 갈 때 갖고 갈 것 없으니

섭생*은 거르지 않고 꼭 찾아서
수면은 충분히 마음은 편안히 하게

* 섭생 : 병에 걸리지 않도록 건강을 잘 관리함

미풍양속

조상께 고하여
홍동백서(紅東白西) 차리고
유세차(維歲次) 큰절한다

조상은 나까지만 모시고
애비 어멈 듣거라
다음부터 손주들 하고 여행가거라
유시(諭示)를 내린다

할버지 할머니 절 받으세요
옜다 배추잎사귀 한 장씩 받아라
고맙습니다 다음엔 단풍잎으로 주세요
어허 참 요놈들

정월 대보름

동네방네 덩더쿵 지신밟기 풍물놀이도
오곡밥 나물 아홉 번 먹고 나무도 지게 지고
밝은 달 동산 위 풍년과 소망을 논두렁 쥐불놀이
니더위 내 더위 먼 디 더위
엄니는 찬 술로 귀 밝기를 권하시어요
옛 고향 그리움 다 어디 가고 타향에서
밝은 달만 쳐다보아

태백산 주목(朱木)

살아 천년 죽어 천년
영혼은 억하심정 아쉬움으로
육신은 미라인데 백설 공주가 되어
메밀꽃을 뿌려서

천제단은 삼신과 단종을 모시고
무당은 덩더쿵 한다더니
왜 산 고목에 삼색 헝겊 두르고
발이 손 되도록 빌었나

나무의 수명은 이러하여
무궁 영원하였어라

달고나를 팔아요

할아버지 오늘 저 입학했어요
오냐 축하한다
우리 학교 정문 앞에서
종재기에다 물을 붓고 끓여
판을 찍어 달고나를 팔아요

쪼그리고 앉아 목구멍에 침을 생키니
요 귀여운 거 비행기도 만들고
날개 달린 새도 만들어
귀퉁이 조금 떼어주어요

허어 우리 손녀 관찰하여 좋은 구경하였다
그게 공부다 손녀에게 보시 하였구먼
할아버지 보시가 뭐예요
엄마는 책가방을 받아들면서
빙긋이 장차 크면 알게 돼

바꿈살이

이웃 태씨네 양지바른 토방에
헌 가마니 깔고
영자와 나는 살림을 차렸다

깨진 사금파리 밥사발
반찬그릇에 모래알로 밥을 짓고
풀을 뜯어 차돌로 짓이겨
국과 반찬을 만든다 만들었다

나뭇가지 꺾어서 숟갈과 젓가락을 만들고
바지 조끼 치마 색동저고리 입고 신랑각시가 되어
'서방님 먼저 드셔요'
'아녀 각시도 같이' 그런디 왜 속곳도 없이
허기야 나도 바지만 입었지
고향을 떠나 영자야 자가 보고 싶어 사무친다

* 바꿈살이 : 소꿉질의 방언.

세뱃돈

할버지 할머니 큰절 받으세요
오냐 우리 손주
건강하시고 오래오래 사세요
옛다 갈잎 한전 받아라
에이 연두색으로 주세요
할버지 고놈 참

시인의 사랑과 향수(鄕愁)

— 김민 시집 『한때 소중한 것들』

윤제철(시인, 문학평론가)

1. 들어가는 글

세상을 보는 눈은 누구든 같을 수가 없다. 관심을 두고 보는 부분에 따라 다를 수도 있지만 생활환경이 주는 영향도 만만하지 않다. 같은 전공이라 하더라도 공부한 내용에 대한 관심의 여부가 크게 다를 것이다. 문인은 자신의 입장에서 보는 사물이나 사건을 매체로 놓고 자신이 하고자 하는 말을 매체가 대신 독자들에게 말하게 한다.

김민 시인은 하고 싶은 말을 솔직하게 털어놓듯 작품 중에서도 자신의 주장을 굽히지 않는다. 다양한 주제로 일상에서 만나는 시상을 허술하게 다루지 않는다. 자신의 질문과 대답을 반복하면서 주제와 소통

되는 모든 것을 동원하여 독자들에게 공감을 이끌어 내고 있다.

많은 경험을 바탕으로 관찰하는 넓은 시야와 사고의 깊이는 남다르다. 오랜 창작 생활을 거치면서 표현했던 풍부한 어휘력을 발휘하면서 독자들에게 또 다른 삶의 체험을 간접적으로 얻을 수 있는 기회를 선물하고 있다. 그동안 써놓은 작품 중에서 시집을 발간하겠다며 원고를 가지고 만났다. 반가운 일이 아닐 수 없다.

작품은 글을 쓴 사람을 글자로 대신하여 독자들에게 역할을 다하여 전해주는 것으로 그 안에 고스란히 모든 것이 담겨 있다. 김민 시인의 첫 시집 『한때 소중한 것들』 원고를 먼저 읽을 수 있는 영광을 누릴 수 있어 고맙기만 하다.

2. 시인의 사랑과 향수(鄕愁)

① 시인의 사랑

시인은 사랑을, 불편함을 해소하거나 도움을 청하는 대상 찾기, 생활 자체에서 우러나는 향기, 세상 변화를 감당하는 능력에 두고 있다.

「스승의 날」에서 보이지 않는 부분들을 검증을 통해 아식은 불편한 칭작의 세계를 치유하는 모습을 묘사하고, 「사모곡」에서 크고 작은 이야기들을 부담없이 꺼내 공유하고 어려울 때도 도움을 청하는 대상은 어머니였다.

「모과(木瓜)와 파과(破瓜)」에서 어떻게 살아 왔는가 보다 어떻게 향기를 품어야 하는가를 일깨워 주었다. 「김장」에서 이제는 식생활의 개선이나 서양 식품이 들어와 그 아성은 무너지고 말았다. 달라지고 있는 세상의 변화를 감당하기 어렵기만 하다.

> 시의 시자도 모르는 우리를
> 한 땀 한 땀 새겨가면서
> 토씨 하나도 지적해 주시는
> 열정으로 이끌어주시고
> 시가 무엇이다 정의를 내리시는 것보다
> 더 값진 글의 천착(穿搾)으로
> 몸에 절절이 불어넣어
> 공감대를 만들어 줍니다
> 시는 군더더기가 없이
> 누구나 꽃씨 뿌려 갈고 닦아
> 시심(詩心)을 올곧게 세워주셔서
> 더욱 감사합니다
>
> —「스승의 날」 전문

엄두를 못 내던 시 창작의 길을 걷는다. 먼저 이 길을 걸은 분들과 함께 옹알이하고 몸을 뒤집으면서 이젠 걸음마를 하다가 넘어지기도 하면서 바로 서기를 하려고 애를 써보지만 쉬운 일이 어디 있던가, 깊이 생각하고 연구해야할 일이다.

시의 정의보다는 뼈가 되고 살이 되는 구성요소를 하나하나 조립하는 과정에서 착오가 생기면 오는 부작용을 체험하면서 운율과 이미지가 선명하지 못한 것을 발견하여 이해를 도와주면서 어순을 바꾸거나 반복과 겹침을 솎아내어 간결하게 변환을 추구한다.

혼자하면 보이지 않는 부분들을 검증을 통해 찾아내서 첨삭을 마치 환자를 진료하듯 어색한 부분을 순환이 잘되게 바로잡아주는 의사선생님이 되어 아직 불편한 창작의 세계를 치유하는 진정한 화자의 주치의로 염두에 두고 스승의 날을 맞고 있다.

씨알의 잉태로
입덧하셨습니다

요람을 태우시고
배냇짓을 할 무렵

자장가를 불러
젖꼭지가 시꺼멓도록
영양분을 주셨고

품안에 안고

치마폭으로 덮어
살을 에이는 강추위와
폭풍우에도 키우셨다

살아생전 효도 한번 못하고
끝내 가슴에 피멍이 들어

통곡을 합니다
어머니

—「사모곡」 전문

다른 짐승에 비하여 유독 키우고 가르치고 짝을 짓기가 어려운 것이 사람이다. 소나 말들을 보면 태어나면서 바로 일어나 돌아다닌다. 자식을 위하는 헌신적인 사랑으로 남보다 잘 키워 고생하지 않고 살기를 바란다. 그렇게 자라면서 생각대로 따라주는 자식이 많지 않다.

커다란 기대와 희망은 점차 작아지면서 사람노릇이나 하고 살기를 바라고 마는 게 부모들이다. 그런 부모의 사랑을 뒤늦게 알 만하면 너무 늦어 늙은 부모는 기다리지 않는다. 자식들을 키우며 부모노릇의 어려움을 알게 되고 내리사랑을 대물림하게 되는 것이다.

부모는 아버지와 어머니가 계시지만 대체로 어머

니를 소통의 통로로 생각했다. 크고 작은 이야기들을 부담없이 꺼내 공유할 수 있었다. 이 세상에 나와 가장 먼저 배우는 말도 엄마라고 했고, 어려울 때도 도움을 청하는 대상은 어머니였다. 그 어머니를 잊지 못한다.

참 못생겨 미안해도 때깔난다지만
향기는 그윽하여 향기롭다
나를 닮아서 한때 싱싱하게 향기를 품다가
파과(破瓜)로 농익은 시절
역경을 이겨내어 그런대로 오늘에 이르렀다
어떻게 살아 왔는가 보다
어떻게 향기를 품어야 하느냐는
큰 귀감(龜鑑)을 남겨주었다

—「모과(木瓜)와 파과(破瓜)」 전문

모과는 못생겼다고 소문이 났지만 생긴 것에 비하면 보통 가을에 익는 과실의 향기보다 좋다. 봄에 피는 연한 홍색의 꽃도 아름답고 가정의 정원수나 아파트 단지 조경수 등 관상용으로 흔히 쓰인다. 너무 일찍 되바라지는 것보다 역경을 이겨내면서 피가 되고 살이 되어 나이 들고 보니 파과(破瓜)로 농익었다.

옹골차게 멋을 느끼게 하는 삶의 과정과 흔적이 사

람과 비유하여 좋게 여겨진다. 무엇이든지 저절로 되는 것은 없다. 결과보다는 과정이 중요하고 남다른 노력이 있었기에 가능했던 것을 공감하고 감동을 느끼게 하면서 거울삼아 본받을 만한 것을 많이 지니고 있다.

어떻게 살아 왔는가 보다 어떻게 향기를 품어야 하는가를 일깨워 주었다. 남자의 나이 64세를 이르는 파과(破瓜)를 하나의 이미지로 선명하게 드러내는데 성공하고 있다.

파 마늘 고춧가루 생강 젓갈
김치 하나면
한 고봉 흰 쌀밥
게 눈 감추듯 먹어 치우는 반찬

삼신애비 만들어 준 두 손가락 저붐으로
얹어 먹어 푸짐하다
이웃 품앗이로 큰 잔치이다

지금은 세계의 명품
정성 들여 만들었는데
좀 더 포근한 아양을 못 떨고

친구 며느리가
김치에 황석어젓이 들어간다고

현관 밖에

들여놓지도 못하게 팽개친다

—「김장」 전문

배추나 무 따위를 소금에 절였다가 고춧가루, 파, 마늘, 생강 따위의 여러 가지 양념을 넣어 버무린 뒤 발효시킨, 우리나라 고유의 저장 식품인 김치를 겨우내 먹기 위하여 늦가을이나 초겨울에 많이 담그는 일이 김장이다. 이제는 식생활의 개선이나 서양 식품이 들어와 그 아성은 무너지고 말았다. 그럼에도 불구하고 외국에서는 한식을 선호하며 명품으로 손을 꼽고 있으니 웬 말인가, 달라지고 있는 세상의 변화를 감당하기 어렵기만 하다.

김장을 하는 날은 이웃품앗이로 큰 잔치였는데 요즘은 황석어젓이 들어갔다고 현관 안에 들여놓지도 못하게 한다. 그저 나이든 사람들이나 추억을 되새기며 몇 포기씩 해서 입맛을 유지하고 있는 형편이다. 조상의 지혜로운 음식을 보존하며 즐겨야 후손이 아닐까?

② 시인의 향수(鄕愁)

시인은 향수를 순수한 꿈과 사랑에 두거나 미물에 대한 생명의 소중함과 가치 있게 산다는 것 그리고 평범한 사람들과 닮은 움직임, 스치는 소리가 쉽게 소통되었을 것이다.

「청보리밭」에서 순수한 꿈과 사랑이 승부수를 띄우는 전환점이었고 박차를 가하는 출발점이었다. 「파리목숨」에서 이로움보다는 해를 끼치는 존재에 대한 재고를, 「한때 소중한 것들」에서 꿈과 희망을 살려내기 위한 불씨가 되고, 「갈대와 억새」에서 가을이 가는 걸 마중 나온 갈대와 억새의 이미지가 선명하게 귀결되고 있다.

밭을 갈아엎고서
늦가을 씨를 뿌려요
얼고 녹이어
한겨울 시련을 견디어요

나신이어서 춥고
하이얀 눈이 덮고요
찬바람 뚫고
새 파릇 봄을 기다릴래요

기지개를 펴
봄 햇살에 꼭꼭 밟아 주어요
종달이 몇 번
봄비 맞아 따스하게 울더니

문둥이는 배고파

서러워 보리피리 불면서
보리 고개 넘어
그렇게 그렇게 살아왔어요

파란 마음 안고서는
전설 따라 삼천리를
소망은 작지만
그런대로 사랑을 하고요

두렁길을 걸어서
아리랑고개 넘으면
옥색치마 입고서
외딴 오두막에 기다려요

거먹 솥에 찐
보리민댕이 먹고서
우리네 조상대대로 고소히
알콩달콩하게 살아요

—「청보리밭」 전문

보리는 밭을 갈아엎고 늦가을에 씨를 뿌려 겨울에 자라므로 병충해가 붙지 않아 농약에 안전하고, 최근에는 쌀에 부족한 여러 영양성분을 보충해줄 수 있는 건강식품으로 각광받고 있다. 지난 해 가을에 수확한

양식이 바닥나고, 올해 농사지은 보리는 미처 여물지 않은 5~6월, 식량사정이 매우 어려운 시기를 보릿고개라 했다.

봄이 되면 보리밭에 싹이 자라 푸른 보리가 바람이 불면 물결치듯 몰려다니는 싱그러움을 보여주었다. 화자는 생활고에 시달렸으면서도 한 편의 영화처럼 떠올려 아픈 감성을 토해내듯 털어놓으면서 때 묻지 않고 순수했던 인간애를 그리워하고 있다,

현재의 아픔에 굴하지 않고 새롭게 올 미래의 봄을 펼치고자하는 순수한 꿈과 사랑이 청보리밭으로 인하여 승부수를 띄우는 전환점이었고 박차를 가하는 출발점이었다.

탁 치니 억하고 바닥에 벌렁 드러누워
온 몸 뒤틀고 날개 쳐 두발 싹싹 빈다

어린 딸 빠꿈살이하다
살려 달라고 사정해도 무자비하게
불쌍해 조막손 간절히 담아 모신다

에고 불쌍도 해 빠꿈살이 제사상 차려
장송곡 불러 영혼 달랜다

죽은 영혼이여
당신 무엇 잘못해

아빠에게 죽임을 당했나요

—「파리 목숨」 전문

빠꿈살이를 하다가 아빠가 탁 치니 억하고 바닥에 벌렁 드러누워 두발 싹싹 비는 파리가 불쌍하여 장송곡을 불러 영혼을 달랜다. 어린 마음에 영문을 모르고 파리가 무얼 잘못했기에 죽임까지 당했느냐고 묻고 있다.

마치 파리의 억울함을 대변이라도 하듯 순수한 동심이 공감을 갖게 한다. 생명으로 여겨지지 않는 존재로서 어떤 도움을 주지 못하고 해만 끼쳐 있어서는 안 되는, 눈 밖에 나는 해로운 벌레를 다른 측면에서 불쌍히 여기고 있다.

파리를 매체로 선택하여 사람으로 여기는 비유를 통하여 제사상을 차려 영혼을 달래고 있다. 당연히 그렇게 죽임을 당해도 싸다는 고정관념에 잡힌 파리 목숨의 존귀함을 일깨워주고 있다. 파리는 잘하는 일이 정말 없는 걸까? 눈을 비비며 찾아보는 것이다.

장미 아니 들꽃도
그냥 피는 게 아니다
가시로 누구도 돌보지 않는
잡초 위에 피어도

산고의 고통은 아름다워라

한때 젊음의 진지한
에로스(eros) 사랑도
농 익어가는 플라톤(platon)의 절정기
수확으로 결실하고
그리운 인생무상(人生無常)은
공수래(空手來) 공수거(空手去)

경주 최부자와 제주 할망구 김만덕은
궁휼(窮恤)의 보시(布施)로
과연 아카페(acafe)의 사랑은
하늘에서 내려다보일까

—「한때 소중한 것들」 전문

백년을 살 것 같이 의기양양해 봐도 쉬운 일은 아니다. 타고난 운명을 살다가는 행로를 순탄하게만 가는 사람은 그리 많지 않을 것이다. 장미나 들꽃도 그냥 피는 것은 아니다. 산고의 고통을 겪고 나서 비로소 아름다움을 만들어낸다.

젊음의 진지한 사랑도 인생무상(人生無常) 공수래(空手來) 공수거(空手去)다. 궁휼(窮恤)의 보시(布施)로 베푼 아카페(acafe) 사랑도 하늘에서 내려다보일까? 모두가 한때 소중한 것일 뿐 오래도록 남을 일이 없다. 살면서 애지중지(愛之重之)해도 죽으면 아무 것도 없다.

살아온 날들은 모두 타버린 재다. 앞으로 살 날들이 소중하고 귀하다. 가치 있게 산다는 것도 자신에게 달린 것이다. 가장 중요한 것은 온전한 몸을 지탱하는 일이다. 나이 들었다고 꿈과 희망을 포기하는 것은 비겁한 행위다. 한때 소중한 것은 아직도 유효하기 때문이다.

산이 있어 억새 강이 있어 갈대
억새는 가슴께 갈대는 키 두 배
바람에 고분거리는 억새 갈대는 사각사각
억새 꽃 은빛머리 갈대꽃 고동갈색 뿌리 내려
군락 깃발 휘날린다
이별이면 뉘라서 슬프다 하였는가
머리 숙여 겸손한 가을만 보인다

—「갈대와 억새」 전문

'으악새 슬피 우니 가을인가요.' 대중가요의 가사 일부이다. '으악새'라는 새가 우는 줄 알았지만 으악새는 억새를 말하는 것이다. '여자의 마음은 갈대 같다'고 했던 말을 생각하게 한다. 자라는 데가 산이면 억새, 자라는 데가 강이면 갈대라 부른다. 얼핏 보면 비슷하다.

자세히 살펴보면 다른 데가 많다. 자라는 데 다르고 키도 다르다. 성격도 그렇다. 가을에 깃발을 흔드는 것도 은빛 머리, 고동갈색 뿌리를 내린다. 화자는 슬프지 않은 이별에다 겸손한 가을만 보인다고 했다. 가을이 가는 걸 마중 나온 갈대와 억새의 이미지가 선명하다.

아름답거나 화려하지 않아도 그렇다고 해서 외면하거나 등한시할 수 없는 존재로 많은 생각을 갖게 하는 비슷한 삶을 사는 갈대와 억새를 매체로 택한 이유는 무얼까? 우리네 평범한 사람들과 닮은 데나 움직임, 바람에 스치는 소리가 쉽게 소통되었을 것이다.

3. 나오는 글

시인은 사랑과 향수를 이야기했다. 향수를 바탕으로 사랑을 펼쳐낼 수 있었을 것이다. 보기에 따라서는 다른 견해를 피력할 수도 있겠지만 조국근대화의 역경을 넘고 넘어 온갖 고초를 다 겪어야 했던 시대를 살면서 온몸으로 받아들여야 했던 체험들이 곳곳에 묻어있다.

김민 시인의 시를 읽다보면 하나의 주제를 선택하여 그것을 그대로 표현하지 않고 마음속에 담고 머금는 시간을 퍽이나 오래 뜸을 들여 마치 유리잔 안에 가득한 물에 커피를 넣어 충분히 우려지도록 기다리는 것이다. 결코 스푼이나 외부의 힘으로 강제성을 띠지 않는다.

그것은 은근과 끈기를 지니고 있는 시인의 성품에서 비롯된다. 서두르지 않는 가운데 정신세계의 변화를 관찰하고 음미하면서 속삭이는 매체의 입에 귀를 기울여 듣는데 허술함을 허락하지 않는다. 평범 속에서 비범을 찾는 예민한 감각은 오래도록 유지되어야 하고 소중한 재산으로 축적되어야 할 것이다.

그동안 써온 원고를 묶어 시집을 낸다는 것은 지금까지의 시야를 넓히거나 사고의 방향을 새롭게 변화하기 위한 선언이며 등단 이후 재도약의 출범을 의미한다. 김민 시인의 시집『한때 소중한 것들』발간을 축하하며 많은 독자들로부터 사랑 받는 시집이 되길 바라며 앞으로 시도될 시의 전환을 기대하고 시집을 감상하시는 독자 여러분께 이 서평이 감흥을 받는데 도움이 되었으면 한다.

문학세계대표작가선 976

한때 소중한 것들

김민 시집

인쇄 1판 1쇄 2022년 10월 5일
발행 1판 1쇄 2022년 10월 12일

지 은 이 : 김 민
펴 낸 이 : 김천우
펴 낸 곳 : 도서출판 천우
등 록 : 1992. 2. 15. 제1-1307호
주 소 : 서울시 성동구 무학봉28길 6 금용빌딩 2F
전 화 : 02)2298-7661
팩 스 : 02)2298-7665
http://blog.naver.com/cw7661
E-mail : chunwo@hanmail.net

값 13,000원

ISBN 978-89-7954-878-5